El Búho Sabio y Viejo

El Lenguaje Celestial

Dedicación

Como en los días antiguos, nos dicen que había
una primicia que nos lleva
al entrar en un pacto con el Rey
Este Pacto le traigo
Mi agradecimiento y alabanza y toda la gloria le doy,
como El me ayudó a contar la Buena Historia.

El Búho Sabio y Viejo

El Lenguaje Celestial

Escrito por Marcella O'Banion Burnes

Ilustrado por Aaron Jones

BOLD TRUTH
PUBLISHING

Christian Literature and Artwork

A BOLD TRUTH Publication

El Búho Sabio y Viejo
Copyright © 2017 Marcella Burnes
ISBN 10: 0-9991469-3-9
ISBN 13: 978-0-9991469-3-4
PRIMERA EDICIÓN

Marcella Burnes
P.O Box 127
North Miami, Oklahoma 74358
Marcellaburnes@yahoo.com

BOLD TRUTH PUBLISHING
(Literatura Cristiana y ilustraciones)
606 West 41st, Ste. 4
Sand Springs, Oklahoma 74063
Www.BoldTruthPublishing.com

Disponible en Amazon.com y otros puntos de venta.
Pedidos de las librerías y mayoristas de los Estados Unidos.
Correo electrónico beirep@yahoo.com

Los descuentos especiales de ventas por cantidad están dis-
ponibles en cantidad Compras por corporaciones, asociaciones
y otros. Para obtener más información, póngase en contacto
con el editor en la dirección anterior.

Ilustraciones y diseño de Aaron Jones www.wildartbyaaron.com

Impreso en los Estados Unidos.
09 17   10 9 8 7 6 5 4 3 2 1

Reconocimientos Especiales

A mi tía Berneice,
Porque de su mano ella libera
Una bendición de arriba.
LA RECONOZCO CON GRAN AMOR.

¡A Rebecca Lou y Jarrod también!
Sin ti, ¿qué haría yo?
Un oído que escucha, una alegría alentadora,
Por empujarme hacia adelante cuando
yo quería renunciar todo!

A Charlie y Wanda
Por oraciones por mi alma,
Para Entender lo lejos que tenía que ir.
Nunca juicio, sólo amor,
Directamente de El de arriba.

A Jug y Brenda
Gracias por la cama y el pan,
Porque siempre yo estaba bien alimentado!!!

A la biblioteca pública en mi ciudad natal
Todos los ojos me vieron venir,
Pero nunca fruncieron el ceño.

El Búho Sabio y Viejo

Un el búho sabio y viejo me dijo una vez
"¿Estás preparado para la Eternidad?"
"¿Por qué yo si lo estoy" le dije a él,
"¿Qué te hace preguntar?
¿Es usted también libre?

-¿Conoces a JESÚS?
¿El te conoce?
Hablas el idioma Celestial?

"¿Celestial?"
Me dijo
Parpadeando bastante somnoliento

3

"¿QUÉ es esto?
¿Algún tipo de enfermedad?

"¡OH NO!" Le dije yo a él
"Absolutamente ninguna enfermedad
¿Por qué el idioma celestial me
ayudó a liberarme?
Es el lenguaje de la Eternidad.

"Nunca he oído hablar de tal cosa", declaró
"¿Es algo nuevo, en el aire?"

"¡AHH NO! No es Nada Nuevo
En los días antiguos lo dejó caer
Es de conocimiento común "alrededor
de todo nuestra gente"
No lo tomamos a la ligera, y no bromeamos,
Sobre este idioma que necesitamos.
Nos ayuda en nuestro camino a la eternidad."

"¿Camino a la Eternidad?" Me preguntó
"No Es Solo EL CAMINO, porque es ÉL solo
EL SALVADOR GLORIOSO,
JESÚS", le dije a él.

4

"Pero el lenguaje celestial
Nos trae a ese lugar de rodillas
Donde hablamos y fluye como una brisa.
Nos lleva al campo de batalla
Donde están las batallas del Cielo.
Nos trae con seguridad a través de éstos.

"-¿Y esto se combate de rodillas? Me dijo.
"Esto parece una impossible.
Pero Por Favor, ¿puedes Decirme Mas?

"Claro, Te diré más,
Pero yo pensé que usted era
una lechuza sabia?
Pensé que conocerías el idioma de los cielos.

"Ahhh, sí soy sabio.
Pero mis ojos Fueron cegados por
el enemigo
Cuando tenía sólo tres años.
Me dijo que yo era una Chiste,
Y Me Dejo Ciego De Mis Ojos Espirituales

"Oh, Dios mío", le dije
"Pense que estabas bien."

"Sí, lo sé", me dijo,
"La mayoría de la gente piensa que puedo ver.
Pero dime más, dime por favor,
De este lenguaje Celestial.

"Bien", Le Dije, "Hechos 19:2 me dice,
¿Has recibido el ESPÍRITU SANTO?
¿Desde qué has creído?
No hemos oído hablar de tal cosa.
Estas son palabras de los que sueñan.
__ Palabras habladas antiguas
Del apóstol Pablo, se nos dice.

"Ahora he oído esas palabras
En el libro Sagrado.
Soy un búho
.He echado un vistazo.

Estas cosas ya Pasaron.
Esto no Es para los búhos en estos días. "

"Oh, Dios mío", le dije,
"¡Tienes que estar bromeando!
Cuando echaste un Vistazo al libro
¿No viste la habitación que sacudió?
"La misericordia del quien es Santo
Fue dado a través de su único hijo
Cuando su trabajo en la Tierra fue hecho
Dijo que vendría un Consolador."

En esa hora
Él vino con gran poder.
Un poderoso viento impetuoso era EL,
Con lenguas de fuego para recibir.
Él se sentó sobre los creyentes ese día
Y El NUNCA NUNCA se ha ido."

"1 Corintios 14:2
Probará que esto es cierto.
Y así una lengua, un regalo celestial,
Un flujo abierto para sanar una separación,
Entre el ÚNICO DIOS
Y los Hijos de los Hombres
Quién en esta tierra pisó.

"Cuando en este idioma hablamos
Una voz celestial
Puede hacernos llorar.
"Nos da poder
Para FORTALECER nuestro "hombre interior"
Y para orar las oraciones
del mandamiento de Dios."

"Pero esto fue hecho en un día antiguo,
Y en este lenguaje ya no oramos.
Demuéstreme, por favor,
¿Cómo podría ser esto todavía?

"1 Corintios el capítulo 14
Es la enseñanza que buscas.
Cada pensamiento de este capítulo
Nos habla del idioma celestial,
"Es el lenguaje que debemos desear.

También el libro de Judas 1:20
Habla de esto claro y abundante.

-Además –le Dije,
-¿Si eres tan sabio como dices?
Y si has leído el Gran Libro...
OHHH, pero ESPERE!!!
Dijiste que has estado ciega
desde que tenías tres,
No es de extrañar,
no se puede ver realmente."

Pero vosotros, amados, tened memoria de las palabras
e antes fueron dichas por los apóstoles de nuestro Señor Jesucristo;

18 los que os decían: En el postrer tiempo habrá burla-
dores, que andarán según sus malvados deseos.

19 Estos son los que causan divisiones; los sensuales,
que no tienen al Espíritu.

20 Pero vosotros, amados, edificándoos
sobre vuestra santísima fe, orando en
el Espíritu Santo,

21 conservaos en el amor de D   rando la misericordia de nuestro Señor Jesu   vida eterna.

22 A algunos que dudan, conven   go; y de otro

23 A otros salvad, arrebatándolo

24 Y a aquel que es poderoso para guardaros sin caída,
y presentaros sin mancha delante de su gloria con gran

y sabio Dios, nuestro Salvador, sea gloria
perio y potencia, ahora y por todos lo

"El lenguaje Celestial
Viene de la fe de los que ven.
La FE viene por el oír, nos han dicho,
Así que en el EVANGELIO
usted debe ser convencido."

"Este EVANGELIO lo sé", me dijo
"El PADRE, EL HIJO,
El SANTO ESPIRITU.
A estos tres los amo más.

"Porque los vi cuando tuve mi vista,
Antes de que estuviera ciego con
esta terrible situación.
Pero este lenguaje me da miedo,
Me da ganas de huir.

"Pero eso es porque no puedes ver.
El Libro sagrado nos dice,
"La falta de conocimiento te destruirá.
HOSEA 4: 6 es donde se encuentra,
Si quieres saber más, te lo explicaré.

-Sí -dijo él, -Explíqueme.

Eso es lo que le pasó a tus ojos.
El enemigo te cegó con mentiras.
JOHN 10:10 te hará libre.
Expone al mentiroso y
La Verdad te da la vista.

"Con... con...con...Permiso,"
Exclamó con gran sorpresa,
"¿Dijiste VISTA A MIS OJOS?"

"Por supuesto, sólo escucha y cree.
Porque cada escritura que leo,
En El Libro Sagrado,
Yo Solo creo
Cuando Yo lo veo.

"Yo creo," me dijo,
Y ahora estoy empezando a ver.
Sólo necesitaba Que Me
Ensenaran Estas Cosas."

Las cosas celestiales vienen de arriba
Se nos envían en SU AMOR
Pero debemos recibir esas cosas que Él envía,
Especialmente este idioma
Que sopla en SU viento.

"¡WHOOO!"
Dijo el sabio búho
Que alguna vez fue ciego,
Pero ahora podía ver,
Mientras volaba hacia los árboles.

21

¿"Quien,
Dicen que
SOY ?

EL ALFA
EL OMEGA
EL PRINCIPIO Y
¡¡¡EL FIN!!!

PITIFUL or POWERFUL
THE CHOICE IS YOURS
by Rachel V. Jeffries

VICTIM TO VICTOR
THE CHOICE IS YOURS
by Rachel V. Jeffries

I Have a Story to Tell
...out of his belly shall flow rivers of living water. - John 7:38
by Jean Carlburg

THE GIFT of KNOWING Our Heavenly Father
Abiding in Intimacy
by Deborah K. Reed

SEEING BEYOND
...out of his belly shall flow rivers of living water. - John 7:38
by Kelly Taylor Nutt

SPIRITUAL BIRTHING
Bringing God's Plans & Purposes and Manifestation
by Lynn Whitlock Jones

BECOMING PERFECT
Let The Perfector Perfect His Work In You
by Sally Stokes Weiesnbach

In the SECRET PLACE of the MOST HIGH
God's Word for Supernatural Healing, Deliverance & Protection
by Aaron Jones

FIVE SMOOTH STONES
by Aaron Jones

Disponible en algunos librerías y en
www.BoldTruthPublishing.com

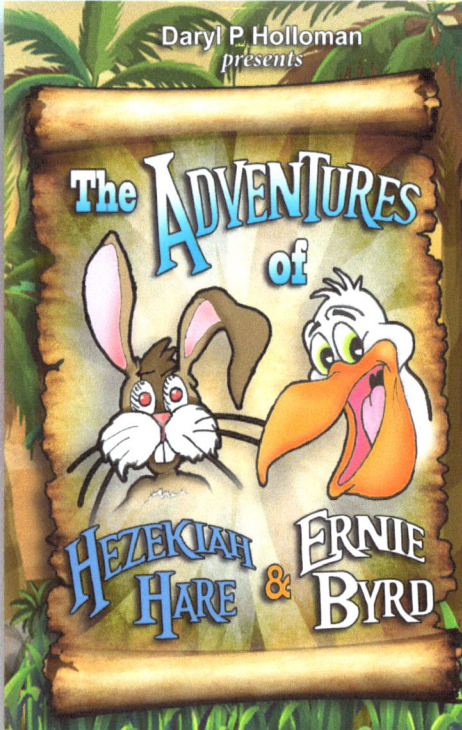

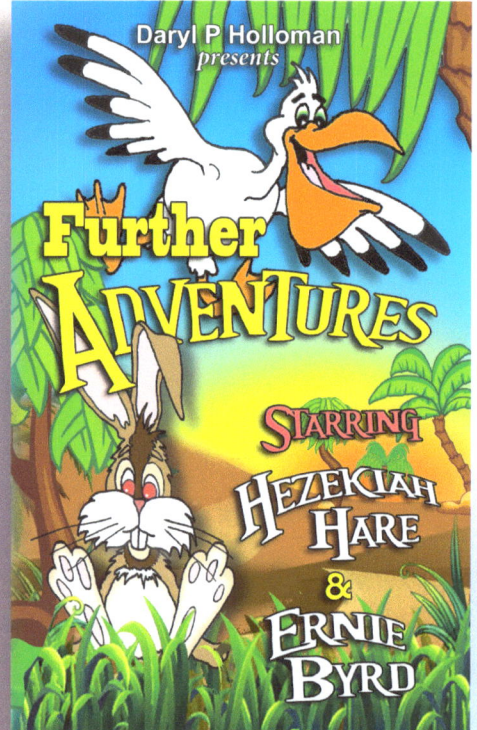